LA GRAN GIRA POR EL MUNDO

Kamini Khanduri

Ilustraciones:

David Hancock

Traducción: Ana Cristina Llompart Lucas

Índice

Directora de la colección: Felicity Brooks

Introducción

Tu tía abuela Avelina te ha hecho un regalo maravilloso: un billete para hacer una Gran Gira por el Mundo. Vas a visitar un montón de sitios interesantes y, durante tu viaje, tendrás que encontrar todo tipo de objetos y seguir ciertas pistas.

Esta es tu tía abuela Avelina. Te va a acompañar en el viaje.

En este mapa del mundo puedes ver los lugares que vas a visitar durante tu viaje.

La tía abuela Avelina dice que en cada uno de esos lugares tendrás que buscar un regalo para un amigo o un familiar. Pero no te ha dicho en qué lugar está cada uno de los regalos: ésa es una de las cosas que tienes que descubrir. Esto es lo que tienes que encontrar:

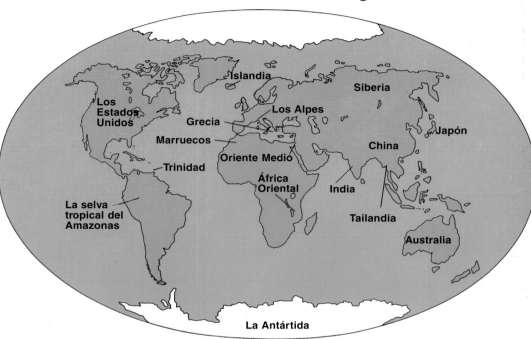

Un racimo de plátanos para Tina

Una caja grande de bombones para tu tío abuelo Paco

Un abanico de madera para María

Queso para el ratón Leni

Unos guantes a rayas para Nerea

Una pelota de lunares para Remo, el perro

Un espejo para la señora Choy

Un sombrilla estampada para Rosa

Una estatuilla de barro para la doctora Parek

Un cojín amarillo para Trufa, la gata

Una camiseta para José

Sales de baño para Jaime

Una radio para los gemelos

Un sombrero de piel blanca para el señor Choy

Unas aletas verdes para la tía Ana

Prismáticos azules para el tío Miguel

Una guirnalda de flores para tu tía abuela Carmen

2

Lo que tienes que encontrar

En cada doble página de este libro hay una ilustración que muestra uno de los diferentes lugares que vas a visitar.

En cada uno de esos lugares tendrás que encontrar muchas cosas. Algunas se ven fácilmente, pero otras es difícil descubrirlas.

Esta banda te dice dónde estás, la hora que es y el tiempo que hace.

Aquí te decimos lo que está haciendo la tía Avelina. La encontrarás en cada lugar que visites.

Estos dibujos pequeños muestran lo que tienes que encontrar en la ilustración grande.

Este recuadro sirve para recordarte los regalos que tienes que encontrar. Hay que buscar un regalo en cada lugar.

El texto escrito al lado de cada dibujo pequeño te dice cuántos objetos como ése tienes que encontrar en la ilustración grande.

Aquí hay un dibujo de algo que tienes que encontrar porque lo vas a necesitar en el siguiente lugar que visites.

Aunque sólo puedas ver parte del objeto que estás buscando, y no todo, también vale.

Cómo encontrar el camino

Cuando hayas terminado todas las actividades de la doble página tienes que descubrir cuál es el siguiente lugar que vas a visitar. No será el sitio que aparece en la página siguiente. También tienes que averiguar cómo vas a viajar para llegar allí.

En la parte inferior derecha de cada doble página, hay cuatro dibujos que te dicen en qué vas a viajar para llegar al siguiente lugar.

Para descubrir a dónde vas a ir, busca exactamente los mismos dibujos en la parte superior izquierda de otra doble página.

Viajarás en tren, avión, barco y autobús. No los utilizarás todos en cada viaje, pero puede que algunos los utilices más de una vez.

LISTA DE LO QUE TIENES QUE HACER

En cada lugar debes encontrar:

✳ a tu tía abuela Avelina
✳ un regalo para un amigo o un familiar
✳ montones de cosas que están escondidas en la ilustración grande
✳ una cosa que vas a necesitar en el siguiente lugar que visites
✳ ...y descubrir qué lugar vas a visitar a continuación

Si no consigues encontrar el camino, mira el mapa que hay en la página 40, que muestra la ruta correcta. Y si te resulta difícil encontrar todo lo que tienes que buscar, busca las soluciones en las páginas 42 a 47. Y ahora, da la vuelta a la página y comienza tu Gran Gira por el Mundo...

3

En el aeropuerto

Tu tía abuela Avelina lleva muchas maletas. Búscala.

Hay pantallas con información sobre los vuelos. ¿Puedes encontrar 11?

Busca a alguien que está comprando unas gafas de sol.

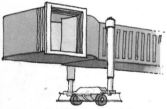

Para subir al avión tienes que andar por una pasarela cubierta. ¿Puedes ver dónde está?

Hay restaurantes que sirven comida y bebida. ¿Ves a alguien que esté comiendo?

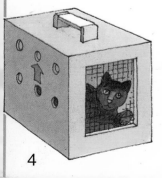

Los ancianos que no pueden andar van en cochecitos eléctricos. ¿Ves dos?

Vas a empezar tu gira por el mundo en un aeropuerto grande y lleno de gente. Los pasajeros ya están subiendo al avión.

Antes de subir a bordo, debes facturar tus maletas y pasar por el control de seguridad. ¡Y ya estás listo para partir!

Algunos animales domésticos pueden ir en el avión, pero sólo si van en cajas especiales. Busca este gato.

Una azafata registrando una bolsa

Una pantalla de rayos X que muestra un cuchillo

Los guardias de seguridad comprueban que nadie lleva armas. Busca estas cosas.

Una persona pasando por un detector de metales.

4

LISTA DE REGALOS

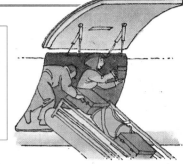

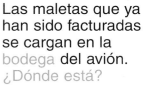

Las maletas que ya han sido facturadas se cargan en la bodega del avión. ¿Dónde está?

Para viajar en avión necesitas un billete. Descubre a un pasajero al que se le ha roto el billete.

Puedes llevar las maletas de un lado a otro en un carrito. ¿Ves siete?

El la oficina de cambio puedes comprar dinero de otros países. ¿Dónde está?

En la primera parada de tu gira se va a celebrar un festival. Busca un banderín rojo para agitarlo.

Un teléfono. Busca ocho.

Los auxiliares de vuelo atienden a los pasajeros en los aviones. Cuenta diez.

Los controladores en la torre de control dan instrucciones a los pilotos. ¿Puedes ver la torre?

Un mercado flotante

Estás haciendo una excursión por el canal para ver este original mercado. Muchas cosas se venden desde barcas. Si quieres comprar algo, sólo tienes que llamar al vendedor en la barca. Se acercarán remando para que compres lo que quieras.

A tu tía abuela Avelina se le está cayendo la compra. Búscala.

Un sombrero de paja te protegerá del sol. Busca dos barcas donde se venden sombreros.

La mayor parte de la fruta y verdura se vende al peso. Descubre nueve básculas.

Un pájaro

¿Puedes ver 11 pájaros con la garganta morada?

Puedes comprar curry con fideos o arroz. Busca dos barcas donde se cocina y vende comida.

¿Ves a alguien vendiendo mazorcas de maíz a la parrilla?

Sandías

Piñas

Cocos

Limas

Puedes comprar montones de fruta y verdura. Cue dos barcas llen de cada una estas fru

6

LISTA DE REGALOS

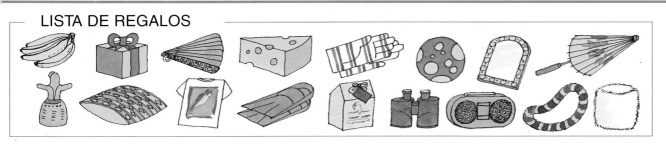

Hay a la venta muñecas vestidas de típicas bailarinas tailandesas. ¿Ves dónde?

Flores

Cacerolas y cacharros

Pescado

Encuentra tres barcas vendiendo cada una de estas cosas.

Templo budista

El budismo es la principal religión de este país, por eso hay muchos templos budistas. ¿Ves uno?

En el siguiente lugar, vas a salir por la noche. Busca esta chaqueta de seda para ponértela.

Puedes comprar todo tipo de preciosos objetos de artesanía. Busca estos objetos.

Mesas de madera tallada

Cojines bordados

Collares de plata

Patos de madera laqueada

Los monjes budistas salen del templo para pedir comida. Encuentra seis.

En la playa

Tu tía abuela Avelina está decidida a hacer deporte. ¿Puedes verla?

Los windsurfistas van en sus tablas de windsurf. Busca diez.

Filtro solar

El filtro solar protege tu piel del sol. Busca a cuatro personas poniéndoselo.

Los simpáticos delfines nadan cerca de la gente. Encuentra diez.

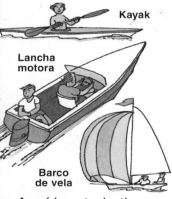

Kayak

Lancha motora

Barco de vela

Aquí hay todo tipo de barcos. Busca siete de cada uno de estos.

Cuenta 14 gaviotas.

Es un día de verano soleado y caluroso y acabas de llegar a una playa llenísima de gente. Puedes ir a darte un baño o practicar, como muchos, algún emocionante deporte acuático. O, si te sientes perezoso, puedes tumbarte en el arena y relajarte.

Los esquiadores acuáticos se deslizan por la superficie del agua arrastrados por una lancha motora. Busca ocho.

Hay equipos de socorristas para ayudar a la gente en peligro. Descubre un equipo haciendo prácticas de rescate.

Puedes hacer submarinismo en los arrecifes de coral entre la fauna submarina. Busca cinco submarinistas.

8

LISTA DE REGALOS

Las banderas señalan las áreas sin tiburones ni mareas peligrosas. Busca dos.

Koala

Canguro

Los canguros y los koalas viven en Australia. ¿Puedes encontrar uno de juguete de cada?

Los surfistas van por el agua en sus tablas de surf. Busca 30.

Descubre nueve motos acuáticas.

En tu siguiente escala hay unos pájaros poco corrientes. Busca una cámara para fotografiarlos.

Cuando nadas con la cabeza debajo del agua puedes respirar con un tubo. Busca diez tubos para respirar.

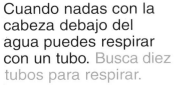

Tubo para respirar

La gente que hace parasailing lleva un paracaídas. Una barca los arrastra por el agua y ellos se elevan por el aire. Busca dos.

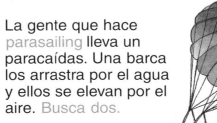

Hogares en el desierto

Tu tía abuela Avelina está ayudando a alguien. ¿Dónde está?

Los beduinos cuidan mucho a sus camellos y a menudo les ponen nombre. Busca 40.

Los beduinos comen, entre otras cosas, carne, arroz, queso y pan. Busca a alguien haciendo pan.

Para entretener a los invitados, los beduinos tocan un instrumento llamado rabab. Busca cuatro.

Tienen rebaños de cabras. Comen su carne y con su fuerte pelo hacen sus tiendas. Cuenta 30.

Has viajado a través de un desierto seco y polvoriento para visitar a los beduinos. Normalmente viven en pequeños grupos, pero hoy se han reunido para preparar un gran festival. Las tiendas son un hervidero de actividad.

Sahah

En las tiendas, el área de los hombres está separada de la de las mujeres por una cortina llamada sahah. ¿Ves cuatro?

Sacos de harina

Ristras de cebollas

Ollas de metal

Los beduinos venden animales y compran cosas en los mercados. Busca tres de cada una de estas cosas.

LISTA DE REGALOS

Las mujeres tejen alfombras, cojines y telas con pelo de cabra o de camello. Busca esta alfombra.

Hoy en día muchos beduinos viajan en camiones en lugar de en camellos. ¿Ves nueve?

Los perros salukis cazan liebres para sus dueños. Busca diez.

Los beduinos beben leche de camello espumosa. Busca tres cuencos con leche.

En tu siguiente parada puedes visitar templos. Busca un libro que te dice dónde encontrarlos.

Los beduinos hacen café para todo aquel que los visita en sus tiendas. Busca estos objetos:

Cafetera

Mano y mortero para moler café

Utensilio para tostar café

Tazas de café

Cuenta tres sillas para montar en camello.

Luces en la ciudad

¿Puedes ver 20 colegiales con sus mochilas?

Sushi es una mezcla especial de arroz frío y pescado crudo. ¿Puedes ver dónde se vende?

Busca seis personas que llevan una mascarilla para no contagiar su resfriado a otros.

Descubre un puesto donde se vende pollo a la parrilla.

Hacen reverencias para decir hola, adiós o gracias. Busca 14 personas haciéndolo.

Tu tía abuela Avelina se ha parado a tomar un bocado. Búscala.

Has llegado al centro de esta ciudad llena de actividad. Está empezando a oscurecer y ya se han encendido las farolas. Hay mucha gente por todas partes. Algunos han salido esta noche para divertirse, mientras otros vuelven a casa a toda prisa.

Las máquinas expendedoras venden todo tipo de cosas, como revistas, billetes, fideos y bebidas. Busca siete.

En un bar de karaoke puedes cantar en el micrófono al son de la música que se toca en una cinta. Busca uno.

Micrófono

Los luchadores de sumo tienen que ser grandes y fuertes para ganar combates. Busca cuatro

12

LISTA DE REGALOS

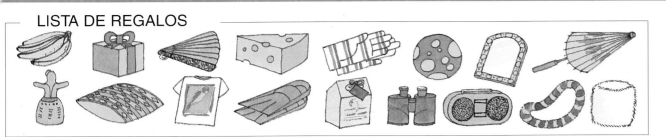

Los hoteles cápsula tienen cubículos en vez de habitaciones. Busca a alguien durmiendo en un cubículo.

Aquí se vende todo tipo de material electrónico. Busca una tienda de ordenadores.

Los trenes bala son puntiagudos en la parte delantera. Busca tres.

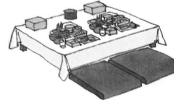

En un restaurante típico japonés las mesas son bajitas y te sientas sobre colchonetas en el suelo. Busca uno.

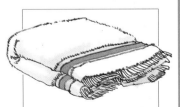

En el siguiente lugar de tu gira vas a ir a nadar. Busca una toalla.

La vestidura tradicional se llama kimono y se usa durante las fiestas. Busca 16.

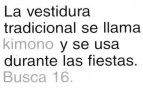

La gente va a rezar a los templos y santuarios. ¿Ves uno de cada?

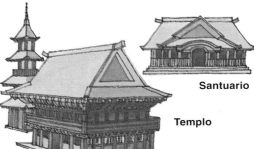

Santuario

Templo

En la laguna

Tu tía abuela
Avelina está
intentando leer.
¿Puedes ver
dónde está?

En la costa cercana
hacen sus nidos
todo tipo de pájaros.
Descubre 20 eiders.

Tiburón de juguete

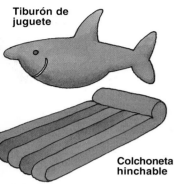

Colchoneta hinchable

Mucha gente viene
para relajarse y
divertirse en el agua.
Busca siete de cada
uno de estos objetos.

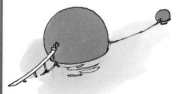

Hay boyas flotantes
que señalan dónde el
agua está demasiado
caliente para bañarse
y dónde es muy poco
profunda. Cuenta 20.

Junto a la laguna
hay una central
eléctrica que usa el
vapor del agua. ¿Ves
cinco chimeneas
soltando vapor?

Montar a caballo

Puedes divertirte chapoteando
en esta laguna que se llama la
Laguna Azul. El agua salada y
caliente sale de debajo de la
tierra. Cerca hay estanques de
barro que borbotea y manantiales
que arrojan hacia el cielo chorros
de vapor y agua hirviendo.

En esta zona
puedes realizar
muchas actividades.
Busca siete personas
haciendo cada una
de estas actividades.

Ir de excursión

En la clínica de
la Laguna Azul
hay doctores que
tratan a gente con
problemas de piel.
¿Ves una doctora?

Aquí se venden
productos para la
piel. Busca a alguien
que ha comprado
muchos tubos de
crema para la cara.

14

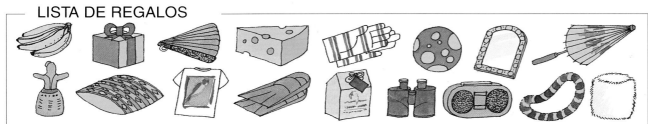

Un todoterreno es ideal para viajar por las carreteras con baches. Busca ocho.

Estas bandejas tienen pescado islandés, como tiburón, camarones y salmón. Cuenta 21.

Hay vestuarios donde puedes dejar tu ropa. Encuentra el de señoras.

Puedes quedarte en el hotel de la Laguna Azul. Busca un viajero con muchas maletas.

Camareros y camareras sirven bebidas y comida a la gente que está en el agua. Busca cuatro de cada.

Al parecer, tanto el agua como el barro del fondo de la laguna son buenos para la piel. Descubre 15 personas con barro en la cara.

A continuación vas a ir en barco. Encuentra unas pastillas contra el mareo, por si te sientes mal.

Un país helado

Los albatros planean sobre el agua en busca de comida. Busca tres.

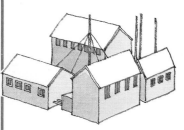

Aquí, nadie vive todo el tiempo, pero los científicos viven en la estación de investigación.

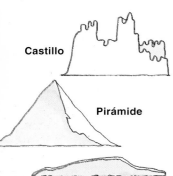

Las orcas a veces cazan focas derribándolas de los trozos de hielo. Busca cuatro.

Castillo

Pirámide

Templo griego

Los icebergs son enormes masas de hielo que flotan en el mar. ¿Puedes ver uno de cada una de estas formas?

Saltar al hielo desde el agua

Deslizarse sobre el hielo

16

Tu tía abuela Avelina está muy abrigadita. Búscala.

Has llegado a la Antártida, un lugar frío y con mucho viento, donde el mar y la tierra están casi siempre helados. Puedes observar ballenas y sacar fotos de los pingüinos, pero no debes molestar a los animales ni estropear sus casas de hielo.

Los pingüinos no vuelan, pero tienen otros medios para trasladarse. Busca 12 haciendo cada una de estas cosas.

Los científicos bucean en el agua helada, observan a los animales y sacan fotos. Busca 7 submarinistas.

Foca cangrejera. Descubre 12.

Los científicos viajan en avionetas para ir a investigar zonas muy remotas. Busca tres.

Encuentra un rorcual.

Los botes neumáticos son muy útiles para viajar por las aguas heladas. Busca ocho.

La foca leopardo es muy feroz. Suele cazar pingüinos para alimentarse. ¿Ves dos?

Ahora vas a ir a un sitio con mucha sombra. Busca una linterna para alumbrarte.

Los barcos de investigación llevan a los científicos y sus provisiones. Los cruceros llevan turistas. Busca uno de cada.

Barco de investigación

Transatlántico

Los científicos ponen detectores a algunos de los animales más grandes, para recibir por satélite información sobre cómo viven. Busca dos.

¡Es carnaval!

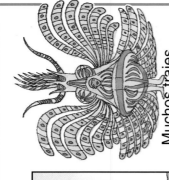

Has llegado justo a tiempo para el carnaval. Cientos de personas están desfilando en grandes grupos por la calle.

Puedes divertirte con sólo verlos pasar, pero la música es tan animada que seguro que te vas a poner a bailar.

LISTA DE REGALOS

Tu tía abuela Avelina está bailando entre la multitud. ¿Puedes verla?

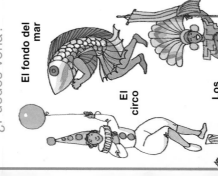

El fondo del mar

El circo

Los incas

Danza española

Los insectos

Cada grupo tiene un tema y los disfraces de sus miembros muestran cuál es. Busca los grupos que tienen estos temas.

Muchos trajes tardan meses en fabricarse. Busca éste tan espectacular.

La policía vigila que no haya problemas. Busca diez policías.

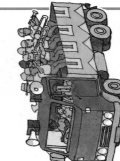

Algunos músicos viajan en camiones decorados que se llaman carrozas. Busca tres

Tambores hechos con bidones de metal. Busca 18.

Moco Jumbie

Burroquite

Jab Molassi

Algunos disfraces típicos se repiten todos los años. Encuentra éstos.

En la próxima parada, vas de compras. Busca una calculadora para sumar lo que te vas gastando.

En Trinidad crecen sabrosas frutas tropicales, como mangos y piñas. Busca un puesto de fruta.

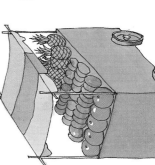

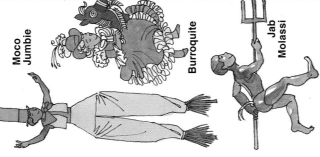

Las canciones de carnaval, que se llaman calipsos, tienen mucho ritmo y son geniales para bailar. Descubre dos personas cantando con micrófonos.

La vendedora de cocos corta la parte superior del coco para que puedas beber el jugo y comer con una cuchara la pulpa blanca y blanda. ¿La ves?

Vasos de sorbete de frutas

Mazorcas de maíz

Un pan llamado roti

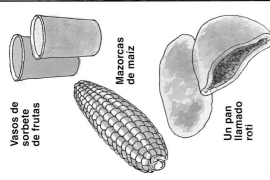

¿Puedes ver dónde hay gente vendiendo estas cosas en la calle?

Los jueces deciden el grupo con la mejor música y disfraces. Busca a un niño que juega a ser juez.

19

Un zoco en sombra

Tu tía abuela Avelina está comprando todo tipo de cosas. ¿Puedes verla?

Las hierbas y especias, como la menta y el azafrán, tienen un olor maravilloso. ¿Dónde se venden?

Laúd

Pandero

Con frecuencia se escucha música en el zoco. Busca estos instrumentos.

La lana para hacer alfombras se tiñe y se cuelga para que se seque. Busca tres hombres llevando fardos de lana.

Los dátiles crecen en el desierto, en palmeras datileras. ¿Ves dónde se venden dátiles?

Has llegado al centro de un bullicioso mercado marroquí. Hay a la venta un montón de cosas exóticas. Puedes pasear despacio por las callejuelas en sombra y disfrutar de todas las cosas interesantes que puedes ver, oler y oír.

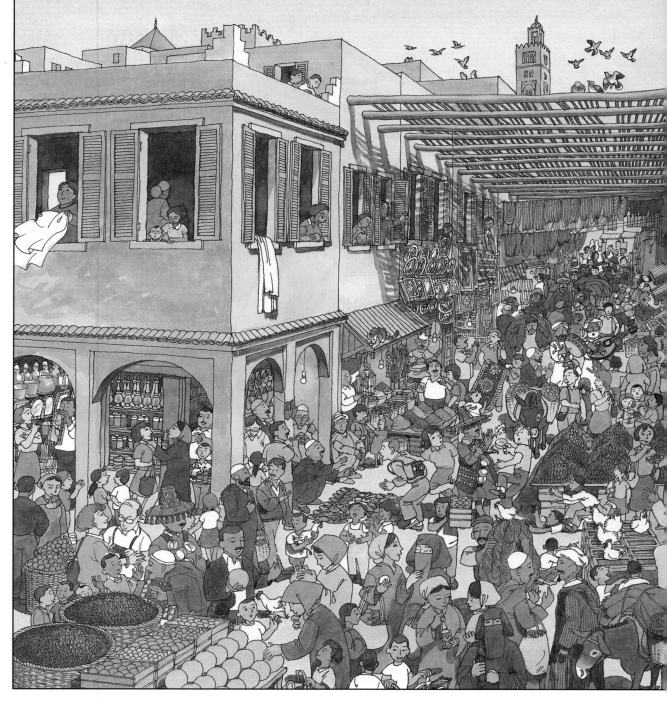

Cerámica pintada

Bandejas de cobre

Cestas de mimbre

Zapatillas de cuero llamadas babuchas

Gorros bordados

Puedes comprar objetos de artesanía hechos a mano y puede que incluso veas cómo se hacen algunos de ellos. Descubre dónde se venden estas cosas.

Montar a caballo ha sido una actividad muy popular aquí durante siglos. Busca dos sillas de montar a la venta.

20

LISTA DE REGALOS

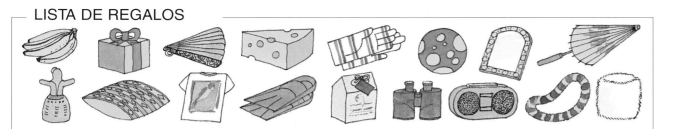

Los aguadores van vendiendo vasos de agua a los compradores. Busca cuatro.

Se venden animales vivos. Busca nueve gallinas.

La gente discute el precio de las cosas. Busca dos personas regateando el precio de esta alfombra.

¿Puedes ver dónde se venden unas aceitunas en enormes cestos?

En el próximo lugar, puedes sentarte al sol. Busca un sombrero para protegerte.

Mientras decides qué comprar, puede que el dueño del puesto te ofrezca un vaso de té de menta caliente. Cuenta siete.

Las mujeres compran polvos para maquillarse y los guardan en recipientes de madera de cedro. Busca 12 recipientes.

Recipiente de madera de cedro

Botellas de polvos

En un centro comercial

Tu tía abuela Avelina ha comprado un montón de cosas. Búscala.

Si te cansas hay muchos bancos para sentarse. Busca ocho.

El personal del mostrador de información te ayuda a encontrar lo que necesitas. ¿Dónde ésta?

El centro comercial es tan grande que es fácil perderse. ¿Ves a un niño que no encuentra a su mamá?

Puedes cortarte y lavarte el pelo en el salón de peluquería. ¿Dónde está?

En este gran centro comercial, puedes comprar todo lo que necesites sin tener que salir a la calle. Si no quieres comprar, puedes comer o beber algo. Hay gente que queda en el centro comercial con sus amigos para charlar.

Cometas

Sombreros de cowboy

Flores

Material deportivo

Libros

Vaqueros

Zapatos

Descubre dónde se venden estas cosas.

Tartas

¿Puedes ver a un grupo de animadoras haciendo un número de baile?

22

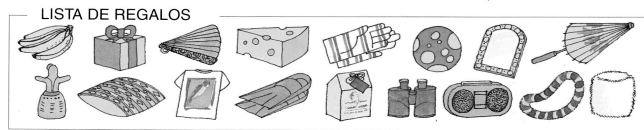

Los murales hacen que las paredes resulten más alegres. ¿Ves uno?

La gente va de un nivel a otro en el ascensor de cristal. ¿Puedes encontrarlo?

Busca cinco teléfonos.

Los guardias de seguridad se encargan de que no haya problemas en el centro comercial. Busca diez.

En tu próxima parada, a lo mejor te quedas en un hotel. Busca una maleta para meter tus cosas.

Aquí puedes comprar muchos tipos de comida diferente. ¿Ves dónde hay gente comiendo estas cosas?

Espaguetis

Pizza

Helado

Hay estatuas, plantas y fuentes para que te sientas como si estuvieses en la calle. Busca 24 estatuas de flamencos.

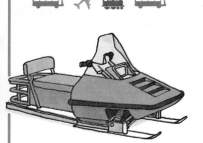

Las trineos a motor son como pequeños coches con esquís. Busca 5.

Las gafas de esquí te protegen los ojos del sol. ¿Puedes ver a alguien al que se le han roto las gafas?

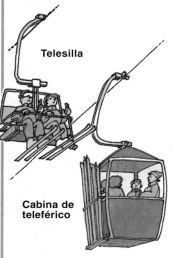

Telesilla

Cabina de teleférico

Las telesillas y las cabinas de teleférico te suben a las pistas empinadas. Busca cuatro de cada.

Puedes viajar por la nieve en un trineo tirado por un caballo. Busca tres.

¡A esquiar!

Tu tía abuela Avelina no es muy buena esquiadora. ¿Dónde está?

Esta estación de esquí tan concurrida es uno de los sitios de más animación de tu viaje. Puedes divertirte a lo grande deslizándote por las pistas de esquí. Hay otros muchos deportes que puedes practicar. ¡Pero ten cuidado de no chocarte con nadie!

Hay actividades infantiles para niños que son demasiado pequeños para esquiar. Busca dos grupos haciendo un muñeco de nieve.

La gente que hace snowboard usa una tabla ancha en vez de dos esquís. Cuenta 10.

Snowboard

Si no tienes esquís puedes alquilarlos. Descubre una tienda de alquiler de esquís.

LISTA DE REGALOS

Los paraesquiadores se lanzan desde la cima, y llegan al suelo en paracaídas. Busca tres.

Los profesores o monitores de esquí, enseñan a la gente a esquiar. ¿Ves dos?

Puedes deslizarte pista abajo en un trineo. Busca nueve.

Las pistas no muy empinadas tienen telearrastres para subir a la cima. ¿Ves tres personas en telearrastre?

En la siguiente parada, vas a comprar muchas cosas. Busca esta bolsa para meter tus compras.

Algunas personas van a escalar montañas. Busca tres escaladores con piolets.

Piolet

Puedes patinar en el lago helado. Cuenta 30 personas patinando.

En el cielo hay gente volando en ala delta. Busca tres.

De safari

Tu tía abuela Avelina está a punto de sacar una foto. Búscala.

Cuando ven un animal muerto, los buitres bajan volando para comerlo. Cuenta 14.

Los babuinos viven en grupos llamados tropas. Cuidan todos juntos de sus crías. Busca 23.

Los árboles baobab almacenan agua en el tronco. Busca dos.

Los guepardos se acercan sigilosamente a otros animales para cazarlos. Cuenta 5.

Los lagartos agama se escabullen por la hierba o las rocas. Busca tres.

Aquí estás en un gran espacio abierto, en las secas y calurosas llanuras de África. Vas a tomar parte en una emocionante excursión para ver animales llamada safari. Parece mentira que haya tantos animales increíbles en el mismo sitio.

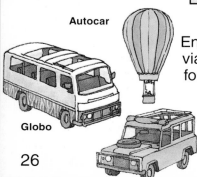

Autocar

Globo

Todoterreno

En un safari puedes viajar de diferentes formas. Busca tres de cada uno de estos medios de transporte.

Las avestruces son las aves más grandes del mundo. No pueden volar pero corren a mucha velocidad. Busca 15.

Unos insectos, llamados termitas, construyen sus nidos dentro de enormes montículos de tierra. Busca 4 de ellos.

Los pájaros tejedores construyen complicados nidos con trozos de hierba. Busca diez.

A los leones les gusta tumbarse a la sombra. ¿Ves nueve?

Cebra

Gacela

Ñu

Estos animales comen hierba casi durante todo el día. Busca 15 de cada.

Los naturalistas observan a los animales salvajes. ¿Ves cuatro?

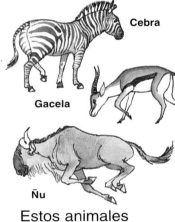

Ahora vas a visitar un lugar todavía más seco. Busca una cantimplora para llevártela.

Los perros salvajes cazan en grupos llamados jaurías. Busca nueve.

Los elefantes son tan grandes que necesitan comer mucho. Cuenta 17.

Las jirafas tienen que doblar el cuello para beber. Busca 13.

La vida en un pueblo

Tu tía abuela Avelina está haciendo amigos. ¿Puedes verla?

Durante el festival del año nuevo algunas personas se disfrazan y desfilan por la calle. Busca un disfraz de dragón.

Cerdos

Patos

¿Ves estos animales, que alguien lleva al mercado?

En China hay trenes de vapor, y otros más modernos, diesel y eléctricos. Busca un tren de vapor.

La mayoría de los chinos son campesinos. Busca diez campesinos cultivando arroz en un arrozal.

En este bonito pueblo hay un canal por el que puedes pasear y unos jardines preciosos. Mientras paseas, ves a la gente que se está preparando para el festival del año nuevo chino. Están comprando regalos y haciendo adornos.

En China se cultiva mucho té. Es una bebida muy popular. ¿Dónde se venden teteras?

La mayor parte de la gente viaja por el pueblo en bicicleta. Cuenta 20.

La seda la hacen unas orugas que se llaman gusanos de seda. La gente fabrica con ella una tela muy suave. Busca unos rollos de seda.

Los pandas gigantes son muy raros. Sólo viven en estado salvaje en China. ¿Ves un panda de peluche?

Hay jaulas con pájaros. ¿Ves siete jaulas?

Busca un grupo de personas haciendo estos ejercicios llamados tai-chi.

Hay muchas cosas hechas de bambú. ¿Puedes encontrar tres cochecitos de niño de bambú?

En el siguiente lugar que visites habrá mucha nieve. Busca una pala para limpiar el camino.

La pagoda es un tipo de torre alta. Suele ser parte de un templo. Descubre una.

Busca nueve personas transportando cosas en cestas colgadas de un palo que llevan al hombro.

Busca tres cometas.

Los habitantes de la selva

Tu tía abuela Avelina está sentada a la sombra. Búscala.

Has subido el río Amazonas en una canoa hasta llegar al corazón mismo de la selva tropical. Hace un calor pegajoso.

La tribu que vive aquí se llama Ashaninca. Recogen plantas en la selva, cazan animales para alimentarse y cultivan la tierra.

Los Ashaninca viajan por el río en canoas. También las usan para pescar. Encuentra nueve.

Se pintan la cara con un tinte rojo que sacan de semillas de anato. Busca a una niña con los brazos llenos de semillas de anato.

Busca nueve madres que llevan a sus niños sujetos con unas bandas de tela.

En la selva viven muchos pájaros preciosos. Algunos los tienen como mascotas. ¿Ves a una niña con un loro?

La comida principal de los Ashaninca es la yuca, de la que hacen harina. Busca a alguien que está moliendo yuca con un palo.

Los hombres salen a cazar con arcos y flechas. ¿Ves 11 arcos?

Los grandes tejados están hechos con hojas de palmera. Busca a alguien arreglando un tejado.

30

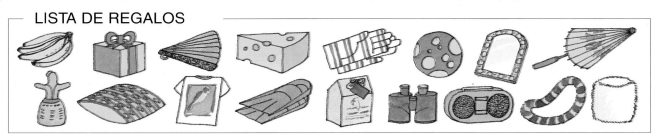

En la selva viven familias de monos rojos aulladores. Cuenta 18.

La gente duerme en hamacas. Busca siete.

Usan madera para hacer casas, canoas, herramientas y armas. ¿Ves a una persona que está cortando madera?

Los niños usan tirachinas para cazar pájaros. Busca dos.

Ahora vas a ir a una gran fiesta. Busca una guirnalda de plumas para ponerte.

Las casas se construyen sobre pilotes clavados en el suelo, y para subir, la gente tiene que usar escaleras. Busca dos escaleras.

Los Ashaninca cultivan algodón para hacer ropa y hamacas. Busca dos personas realizando cada una de estas tareas.

Hilando algodón

Tejiendo una tela

La gente usa burros para transportar cosas. Cuenta ocho.

Las macetas tienen la misma forma que las de la antigua Grecia. Busca seis macetas como ésta.

Este instrumento musical es un bouzouki. ¿Puedes ver ocho?

Hojas de parra rellenas

Plátano con yogur

Ensalada griega

Busca a alguien que está comiendo estos platos típicos griegos.

Las iglesias suelen tener tejados en forma de cúpula. ¿Ves tres?

La vida en una isla

Tu tía abuela Avelina está explorando la isla. ¿Puedes localizarla?

Esta bonita isla parece un sitio interesante para hacer una escala. Puedes explorar sus retorcidas callejuelas o subir hasta el viejo castillo de la colina Aquí hay mucha gente. Algunos viven siempre en la isla y otros sólo han venido a visitarla.

Las mujeres bordan telas y hacen encajes con los que luego adornan sus casas. Busca diez mujeres cosiendo.

Bolsos de cuero

¿Puedes encontrar dónde se venden estas cosas?

Collares

Postales

Los gatos se pasean por las calles y por encima de los tejados. Les gusta dormir al sol. Encuentra 12.

LISTA DE REGALOS

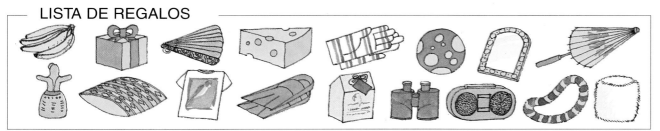

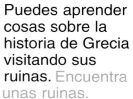

Puedes aprender cosas sobre la historia de Grecia visitando sus ruinas. Encuentra unas ruinas.

La única forma de salir de la isla es en barca. ¿Ves cinco pequeñas barcas de remos?

Las focas monje mediterráneas son tan poco comunes que sólo se las ve en raras ocasiones. Descubre dos.

Cuando están cerrados, estos postigos conservan las casas fresquitas. Busca 11 ventanas con postigos rojos.

Verás muchos animales en el siguiente lugar. Busca pinturas y un cuaderno para dibujarlos.

Mucha de la gente que vive en la isla gana dinero de la pesca. Busca cuatro de cada una de estas cosas.

Barcas de pescar

Cestos de pescado

¿Ves a estas tres personas trabajando?

Zapatero

Panadero

Hojalatero

En la calle

Tu tía abuela
Avelina esta
en un atasco
de coches
¿Puedes verla?

Unos monos,
llamados langures,
corretean por la
ciudad buscando
comida. Busca 20.

Los trenes a menudo
están tan llenos, que
la gente se sienta en
el techo. Busca uno.

**Rickshaw
de bicicleta**

Rickshaw motorizado

Los rickshaws se
usan como taxis.
Cuenta ocho de
cada tipo.

Para decir 'hola'
tienes que juntar las
manos e inclinar la
cabeza. Busca 12
pares de personas
que se dicen 'hola'.

Estás en medio de todo el
bullicio de una ciudad india.
Las calles están abarrotadas
de tráfico y de gente que va
de un lado para otro. Hay
mucha gente rica viviendo aquí,
pero otros son tan pobres que
tienen que mendigar.

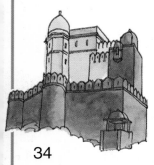

El viejo fuerte se
construyó hace
cientos de años para
proteger a la ciudad
de los enemigos.
¿Puedes verlo?

El té se hierve en
una cacerola con
leche y azúcar. A
veces se añaden
especias. Busca al
vendedor de té.

¿Puede
ver 1
cuervos

34

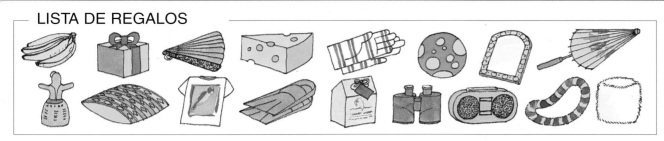

El cine es muy popular. ¿Ves este cartel anunciando una película?

¿Puedes descubrir dónde se venden estos deliciosos dulces?

El barbero ambulante no cobra mucho por afeitar a la gente. Búscalo.

Un puri es un pan que se fríe hasta que se hincha y forma una bola. Busca a un hombre friendo puris.

En el siguiente lugar, el suelo estará mojado. Busca zapatos con suela de goma para no resbalarte.

Para rezar, los hindúes van a los templos y los musulmanes van a las mezquitas. Busca uno de cada.

Templo

Mezquita

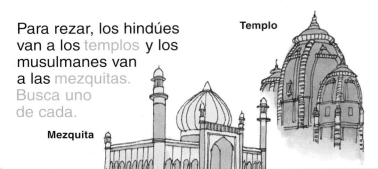

La mayor parte de los indios son de religión hindú. Creen que las vacas son sagradas, y por eso las dejan andar por donde ellas quieran. Cuenta siete vacas.

Las carreras de renos

Tu tía abuela Avelina está admirando los renos. ¿Puedes verla?

Unos perros llamados laikas tiran de los trineos. Su tupido pelaje les proteje del frío. Busca 32.

Balalaika

Acordeón

Hay músicos para entretener a la gente durante las carreras. Cuenta seis de cada uno de estos instrumentos.

Llenan bidones de petróleo con hielo del río. Luego lo derriten para tener agua. Busca 20.

La estación de tren y el aeropuerto están a mucha distancia, por eso la gente suele llegar en helicóptero. ¿Ves dos?

Has viajado hacia el norte hasta llegar a Siberia. Todo el mundo está celebrando el final del frío invierno con carreras de renos sobre las aguas heladas del río. Mucha gente tiene rebaños de renos. Con sus pieles hacen ropa de abrigo.

Los pastores siguen a sus rebaños de renos de un lado para otro en busca de comida. Viven en tiendas que se llaman chums. Busca tres.

Los ríos helados son buenas pistas de patinaje. ¿Puedes ver a 15 personas patinando?

En Siberia hay bosques enormes, así es que la gente fabrica muchas cosas con madera. Busca tres personas cortando madera.

LISTA DE REGALOS

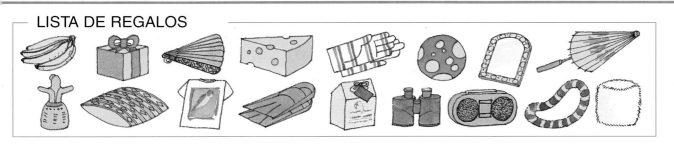

Un samovar es un enorme recipiente de metal para hacer té. ¿Ves uno?

Los pastores tallan preciosos objetos de hueso. ¿Ves a alguien que está tallando?

En los bosques viven osos, lobos, alces y martas cibelinas. Busca un oso de peluche.

Resulta más fácil deslizarse en esquís que andar sobre la nieve. Busca a diez personas esquiando.

En el siguiente lugar, hace también mucho frío. Busca unas orejeras de piel calentitas.

Los vehículos todoterreno son ideales para viajar por el suelo helado. Los trineos a motor son para viajes más cortos. Busca seis de cada.

Trineos a motor

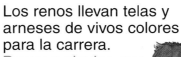

Todoterreno

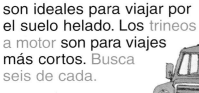

Los renos llevan telas y arneses de vivos colores para la carrera. Busca a alguien que está adornando a su reno.

De crucero

¿Puedes ver al señor Choy probándose su sombrero de piel?

A Trufa, la gata, parece que le gusta su cojín amarillo. Encuéntrala.

Tina, el bebé, está comiéndose los plátanos. ¿Puedes verla?

A tu tía abuela Carmen le encanta su guirnalda de flores. ¿Puedes ver dónde está?

Una sombrilla estampada es justamente lo que quería Rosa. ¿Puedes verla?

La última parte de tu Gran Gira por el Mundo es un viaje en este crucero de lujo. Hay muchas cosas que se pueden hacer a bordo. Para darte una sorpresa, tu tía abuela Avelina ha invitado a todos tus amigos y familiares. ¿Puedes verlos con sus regalos?

¿Puedes ver a Jaime con sus sales de baño?

María se alivia del calor con su abanico. Encuéntrala.

El tío Miguel está mirando el mar con sus prismáticos. ¿Puedes encontrarlo?

38

Tu tío abuelo Paco ya se está comiendo sus bombones. ¿Dónde está?

La tía Ana se lo está pasando muy bien con sus aletas verdes. A ver si puedes encontrarla.

José se ha puesto su camiseta para ir a jugar con unos amigos. Búscalo.

Busca a la doctora Parek hablando con alguien sobre su estatuilla de barro.

¿Ves a los gemelos escuchando juntos la radio?

Busca a Nerea con sus guantes a rayas.

Leni está royendo su trozo de queso. ¿Lo ves?

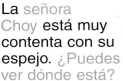

La señora Choy está muy contenta con su espejo. ¿Puedes ver dónde está?

Remo, el perro, está jugando con su pelota de lunares. Búscalo.

¡Tu gira ha llegado a su fin! Para darle las gracias a tu tía abuela Avelina, le has comprado un vestido nuevo. ¿Puedes verla luciéndolo?

La Gran Gira por el Mundo

Para ver la ruta que debes haber tomado en tu gira y cómo has viajado de un lugar a otro, sigue los números del mapa.

CLAVE

1. Aeropuerto (página 4)
2. China (página 28)
3. Siberia (página 36)
4. Los Alpes (página 24)
5. Marruecos (página 20)
6. Grecia (página 32)
7. África Oriental (página 26)
8. Oriente Medio (página 10)
9. India (página 34)
10. Tailandia (página 6)
11. Japón (página 12)
12. Australia (página 8)
13. La Antártida (página 16)
14. El Amazonas (página 30)
15. Trinidad (página 18)
16. Los Estados Unidos (página 22)
17. Islandia (página 14)
18. Crucero (página 38)

Un juego más

Para realizar esta actividad tendrás que volver a consultar el libro. No te olvides de mirar la bandas azules en la parte superior de cada doble página. Si tienes problemas, encontrarás las respuestas en la página 48.

1. ¿En cuál de los sitios que has visitado hacía más frío?

2. ¿En cuál de los sitios que has visitado hacía más calor?

3. Un día te levantaste más temprano que nunca. ¿A qué hora?

4. ¿En qué lugar te encontrabas a las 15:30 horas?

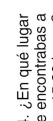

5. ¿En cuántos sitios de los que has visitado había nieve?

6. ¿En cuántos sitios de los que has visitado hacía sol?

7. ¿Cuántas veces has viajado en cada uno de estos medios de transporte?

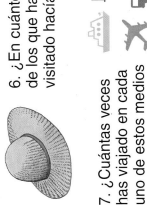

8. ¿Cuál de estos edificios es un hotel?

A   B   C   D   E   F

9. ¿Cuál de estas personas salva vidas?

A   B   C   D   E   F   G

10. ¿Cuál de estas cosas pueden ofrecerte en mitad del desierto?

A   B   C   D   E

11. ¿Cuál de estas personas está intentando protegerse la cara del sol?

A   B   C   D   E   F

41

En el aeropuerto 4-5

Un mercado flotante 6-7

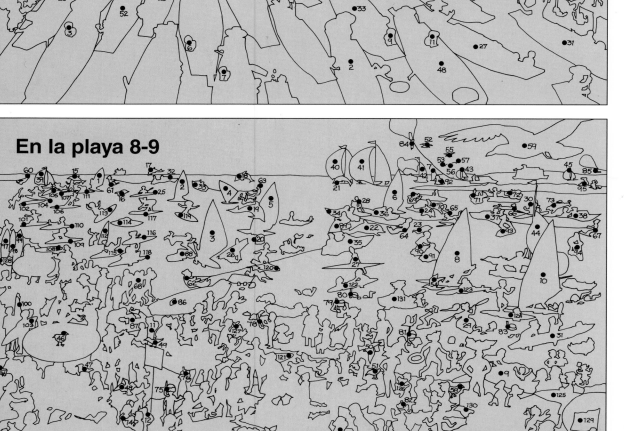

En la playa 8-9

Hogares en el desierto 10-11

Camellos 1 2 3 4 5
 6 7 8 9 10 11 12
 13 14 15 16 17
 18 19 20 21 22
 23 24 25 26 27
 28 29 30 31 32
 33 34 35 36 37
 38 39 40
Persona haciendo
 pan 41
Rababs 42 43 44
 45
Cabras 46 47 48
 49 50 51 52 53
 54 55 56 57 58
 59 60 61 62 63
 64 65 66 67 68
 69 70 71 72 73
 74 75
Sahahs 76 77 78
 79
Sacos de harina
 80 81 82
Ristras de
 cebollas 83 84
 85
Ollas de metal 86
 87 88
Cafetera 89
Utensilio para
 tostar café 90
Tazas de café 91

Mano y mortero 92
Sillas para montar
 en camello 93 94
 95
Libro 96
Cuencos con
 leche de camello
 97 98 99
Salukis 100 101
 102 103 104 105
 106 107 108 109
Camiones 110 111
 112 113 114 115
 116 117 118
Alfombra 119
Cojín amarillo 120
Tía abuela Avelina
 121

Luces en la ciudad 12-13

Colegiales 1 2 3 4
 5 6 7 8 9 10 11
 12 13 14 15 16
 17 18 19 20
Tienda que vende
 sushi 21
Gente con
 mascarillas 22
 23 24 25 26 27
Puesto de pollo
 28
Gente haciendo
 una reverencia
 29 30 31 32 33
 34 35 36 37 38
 39 40 41 42
Máquinas
 expendedoras
 43 44 45 46 47
 48 49
Bar de karaoke
 50
Luchadores de
 sumo 51 52 53
 54
Kimonos 55 56 57
 58 59 60 61 62
 63 64 65 66 67
 68 69 70
Templo 71
Santuario 72
Toalla 73

Restaurante
 típico 74
Trenes bala 75 76
 77
Tienda que vende
 ordenadores 78
Persona
 durmiendo 79
Radio 80
Tía abuela
 Avelina 81

En la laguna 14-15

Eiders 1 2 3 4 5 6
 7 8 9 10 11 12
 13 14 15 16 17
 18 19 20
Tiburones de
 juguete 21 22
 23 24 25 26 27
Colchonetas
 hinchables 28
 29 30 31 32 33
 34
Boyas 35 36 37
 38 39 40 41 42
 43 44 45 46 47
 48 49 50 51 52
 53 54
Chimeneas
 soltando vapor
 55 56 57 58 59
Gente montando
 a caballo 60 61
 62 63 64 65 66
Gente de
 excursión 67 68
 69 70 71 72 73
Doctora 74
Persona que ha
 comprado
 crema para la
 cara 75
Camareros 76 77
 78 79

Camareras 80 81
 82 83
Gente con barro
 en la cara 84 85
 86 87 88 89 90
 91 92 93 94 95
 96 97 98
Pastillas contra el
 mareo 99
Viajero que llega
 al hotel 100
Vestuarios de
 señoras 101
Bandejas de
 comida 102 103
 104 105 106
 107 108 109
 110 111 112
 113 114 115
 116 117 118
 119 120 121
 122
Todoterrenos 123
 124 125 126
 127 128 129
 130
Sales de baño
 131
Tía abuela
 Avelina 132

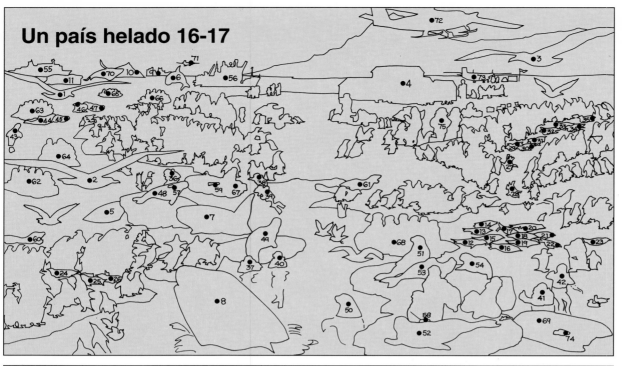

Un país helado 16-17

Albatros 1 2 3
Estación de investigación 4
Orcas 5 6 7 8
Iceberg en forma de castillo 9
Iceberg en forma de pirámide 10
Iceberg en forma de templo griego 11
Pingüinos saltando al hielo desde el agua 12 13 14 15 16 17 18 19 20 21 22 23
Pingüinos deslizándose 24 25 26 27 28 29 30 31 32 33 34 35
Submarinistas 36 37 38 39 40 41 42
Focas cangrejeras 43 44 45 46 47 48 49 50 51 52 53 54
Transatlántico 55
Barco de investigación 56

Detectores por satélite 57 58
Linterna 59
Focas leopardo 60 61
Botes neumáticos 62 63 64 65 66 67 68 69
Rorcual 70
Avionetas 71 72 73
Guantes a rayas 74
Tía abuela Avelina 75

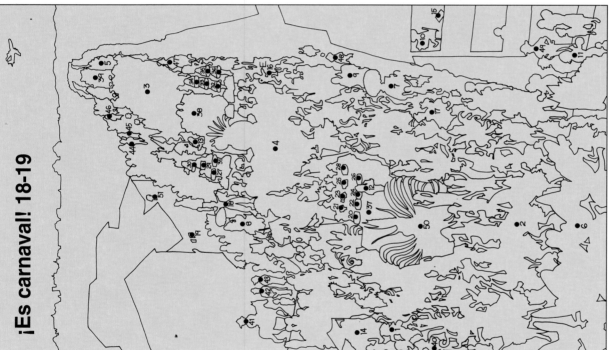

¡Es carnaval! 18-19

Tía abuela Avelina 1
Grupo de animales del fondo del mar 2
Grupo del circo 3
Grupo de los incas 4
Grupo de la danza española 5
Grupo de los insectos 6
Sorbete de frutas 7
Mazorcas de maíz 8
Roti 9
Niño jugando a ser un juez 10
Vendedora de cocos 11
Gente cantando 12 13
Puesto de fruta 14
Calculadora 15
Jab Molassi 16
Burroquite 17
Moco Jumbie 18

Tambores hechos con bidones 19 20 21 22 23 24 25 26 27 28 29 30 31 32 33 34 35 36
Carrozas 37 38 39
Policías 40 41 42 43 44 45 46 47 48 49
Disfraz espectacular 50
Camiseta 51

Un zoco en sombra 20-21

Hierbas y especias 1
Laúd 2
Pandero 3
Hombres que llevan lana 4 5 6
Dátiles a la venta 7
Bandejas de cobre 8
Cerámica pintada 9
Babuchas 10
Cestas de mimbre 11
Gorros bordados 12
Sillas de montar 13 14
Vasos de té de menta 15 16 17 18 19 20 21
Recipientes de madera de cedro 22 23 24 25 26 27 28 29 30 31 32 33
Sombrero 34
Aceitunas 35
Personas regateando 36 37

Gallinas 38 39 40 41 42 43 44 45 46
Aguadores 47 48 49 50
Espejo 51
Tía abuela Avelina 52

En un centro comercial 22-23

¡A esquiar! 24-25

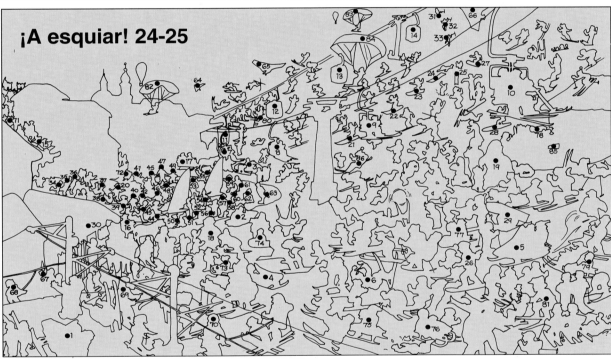

De safari 26-27

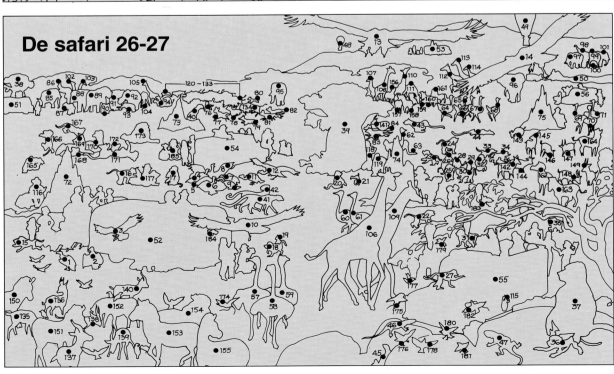

La vida en un pueblo 28-29

Disfraz de dragón 1
Cerdos 2
Patos 3
Tren de vapor 4
Campesinos 5 6 7 8 9 10 11 12 13 14
Teteras a la venta 15
Bicicletas 16 17 18 19 20 21 22 23 24 25 26 27 28 29 30 31 32 33 34 35
Rollos de seda 36
Pagoda 37
Gente con cestas colgando de un palo 38 39 40 41 42 43 44 45 46
Cometas 47 48 49
Pala 50
Cochecitos de niño 51 52 53
Grupo haciendo tai-chi 54
Jaulas de pájaros 55 56 57 58 59 60 61

Panda de peluche 62
Abanico de madera 63
Tía abuela Avelina 64

Los habitantes de la selva 30-31

Canoas 1 2 3 4 5 6 7 8 9
Niña con semillas de anato 10
Madres con niños 11 12 13 14 15 16 17 18 19
Niña con loro 20
Persona moliendo yuca 21
Arcos 22 23 24 25 26 27 28 29 30 31 32
Persona arreglando el tejado 33
Escaleras 34 35
Personas tejiendo 36 37
Personas hilando 38 39
Guirnalda de plumas 40
Tirachinas 41 42
Persona cortando madera 43
Hamacas 44 45 46 47 48 49 50

Monos rojos aulladores 51 52 53 54 55 56 57 58 59 60 61 62 63 64 65 66 67 68
Racimo de plátanos 69
Tía abuela Avelina 70

La vida en una isla 32-33

Burros 1 2 3 4 5 6 7 8
Macetas 9 10 11 12 13 14
Bouzoukis 15 16 17 18 19 20 21 22
Persona comiendo 23
Iglesias 24 25 26
Mujeres cosiendo 27 28 29 30 31 32 33 34 35 36
Collares 37
Postales 38
Bolsos de cuero 39
Gatos 40 41 42 43 44 45 46 47 48 49 50 51
Cestos de pescado 52 53 54 55
Barcas de pesca 56 57 58 59
Hojalatero 60
Panadero 61
Zapatero 62
Cuaderno y pinturas 63

Ventanas con postigos rojos 64 65 66 67 68 69 70 71 72 73 74
Focas monje mediterráneas 75 76
Barcas de remos 77 78 79 80 81
Ruinas 82
Estatuilla de barro 83
Tía abuela Avelina 84

46

En la calle 34-35

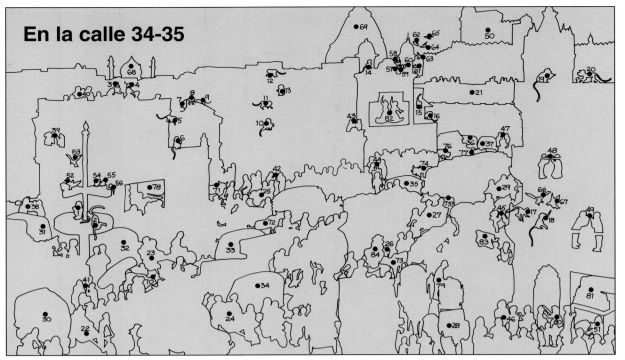

Langures 1 2 3 4
5 6 7 8 9 10 11
12 13 14 15 16
17 18 19 20
Tren 21
Rickshaws de
bicicleta 22 23
24 25 26 27 28
29
Rickshaws
motorizados 30
31 32 33 34 35
36 37
Pares de gente
diciéndose hola
38 39 40 41 42
43 44 45 46 47
48 49
Viejo fuerte 50
Vendedor de té
51
Cuervos 52 53 54
55 56 57 58 59
60 61 62 63 64
65 66 67
Mezquita 68
Templo 69
Vacas 70 71 72
73 74 75 76 77
Zapatos con
suela de goma
78

Hombre friendo
puris 79
Barbero
ambulante 80
Dulces 81
Cartel de cine 82
Guirnalda de
flores 83
Tía abuela
Avelina 84

Las carreras de renos 36-37

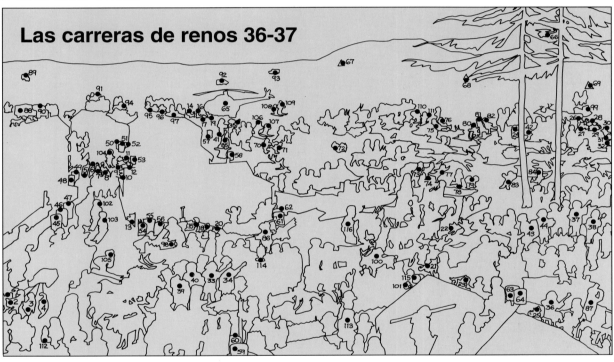

Laikas 1 2 3 4 5 6
7 8 9 10 11 12
13 14 15 16 17
18 19 20 21 22
23 24 25 26 27
28 29 30 31 32
Balalaikas 33 34
35 36 37 38
Acordeones 39
40 41 42 43 44
Bidones de
petróleo 45 46
47 48 49 50 51
52 53 54 55 56
57 58 59 60 61
62 63 64
Helicópteros 65
66
Chums 67 68 69
Gente patinando
70 71 72 73 74
75 76 77 78 79
80 81 82 83 84
Gente cortando
madera 85 86
87
Todoterrenos 88
89 90 91 92 93
Trineos a motor
94 95 96 97 98
99

Persona
adornando un
reno 100
Orejeras 101
Gente esquiando
102 103 104
105 106 107
108 109 110
111
Oso de peluche
112
Persona tallando
113
Samovar 114
Sombrero de piel
blanca 115
Tía abuela
Avelina 116

De crucero 38-39

Trufa 1
Bebé Tina 2
Tía abuela
Carmen 3
Rosa 4
Jaime 5
María 6
Tío Miguel 7
Señora Choy 8
Remo 9
Tía abuela
Avelina 10
Leni 11
Nerea 12
Los gemelos 13
Doctora Parek 14
José 15
Tía Ana 16
Tío abuelo Paco
17
Señor Choy 18

Agradecimientos

La editorial desea agradecer a las siguientes organizaciones y personas su ayuda en la preparación de este libro:

Páginas 4-5: Roz Quade, BAA, Aeropuerto de Gatwick, Londres, Gran Bretaña

Páginas 8-9: Comisión de Turismo Australiano, Londres, Gran Bretaña

Páginas 10-11: Shelagh Weir, Director del Departamento de Oriente Medio, Museo Británico (British Museum), Londres, Gran Bretaña

Páginas 12-13: Mitsuko Ohno

Páginas 14-15: Blue Lagoon Ltd, PO Box 22, 240 Grindavik, Islandia

Páginas 16-17: Sheila Anderson

Páginas 18-19: Oficina del Alto Comisionado de Trinidad, Londres, Gran Bretaña

Páginas 20-21: "The Best of Morocco"

Páginas 24-25: David Hearns, Club de Esquí de Gran Bretaña, Londres, Gran Bretaña

Páginas 26-27: David Duthie

Páginas 28-29: Frances Wood, Directora de las Colecciones Chinas, Biblioteca Británica (British Library), Londres, Gran Bretaña

Páginas 30-31 Survival International, 11-15 Emerald Street, Londres WC1N 3QL, Gran Bretaña. Si desea más información sobre los pueblos de la selva tropical, póngase en contacto con Survival International.

Páginas 32-33: Andrew Stoddart, The Hellenic Bookservice, 91 Fortess Road, Londres NW5 1AG, Gran Bretaña

Páginas 34-35: A.K.Singh, Oficina de Turismo de la India, Londres, Gran Bretaña

Páginas 36-37: Dr. Alan Wood, Universidad de Lancaster, Gran Bretaña

Páginas 38-39: Tim Stocker, P&O Cruises, 77 New Oxford Street, Londres, WC1A 1PP, Gran Bretaña

Respuestas a "Un juego más", página 41

1. Siberia

2. África Oriental

3. 8:00 horas (Tailandia)

4. Aeropuerto

5. Tres (La Antártida, los Alpes, Siberia)

6. Cinco (Oriente Medio, Trinidad, Marruecos, África Oriental, Grecia)

7. 18 en barco; 20 avión; 8 en tren; 22 en autobús

8. D

9. F

10. C

11. F